Ulrich Erckenbrecht
Unter Bäumen
Gedichte, Übersetzungen,
Epigramme

Fern aus Höfen unter Bäumen
zittert Rauch im Morgenglanz.
Und die fernste Ferne säumen
Wälder wie ein dunkler Kranz.

(Christian Morgenstern)

Ulrich Erckenbrecht, auch unter anderen Namen tätig, veröffentlichte bisher 24 Bücher, darunter:

Die Geschichte vom Rotkäppchen, Ursprünge, Analysen, Parodien eines Märchens (15., auf 296 Seiten erweiterte Auflage);
Bilder vom Rotkäppchen (2., auf 240 Seiten erweiterte Auflage);
Die Sehnsucht nach der Südsee, Bericht über einen europäischen Mythos (3., auf 240 Seiten erweiterte Auflage);
Shakespeare Sechsundsechzig, Shakespeares Sonett Nr.66 in deutschen Übersetzungen (3., auf 379 Seiten erweiterte Auflage inclusive neuer Beilage von 2015);
Shakespeares Sonette in freier Übertragung (Mit einem Faksimile der Shakespearesonette nach dem Londoner Erstdruck von 1609);
Entkürzelungen, Ein Wegweiser durch die Welt der Abkürzungen (2., auf 240 Seiten erweiterte Auflage);
Hilfslinien, 234 Romanideen;
Eulenspiegel und die Banane, Theaterstück in 4 Akten;
Elefant Kette Fuß bunne, Ausgewählte Gedichtsel;
Grubenfunde, Lyrik und Prosa;
Brief über Chopin, Eine passionierte Einführung in Werk und Wirkung des größten Klavierkomponisten der Weltmusik;
Die Unweisheit des Westens, Essays zur Philosophie und Sprachkritik;
Divertimenti (Versammelte Aphorismen);
Ein Körnchen Lüge (3., veränderte Auflage);
Das Geheimnis des Fetischismus (2., ergänzte Auflage);
Sprachdenken, Philosophische Anregungen (2., ergänzte Auflage);
Ringelsternchen, Gedichte (2., veränderte Auflage);
Politische Sprache;
Mensch, du Affe;
Katzenköppe, Aphorismen / Epigramme;
Maximen und Moritzimen.

1. Auflage 2015
ISBN 978-3-922494-27-0

Satz und Druck: Grafische Werkstatt, Kassel
Erckenbrecht / Muriverlag, Im Weidengarten 19,
D-34130 Kassel

Inhalt

Vorbemerkung 6
Baumgedichte 7
Baudelaireübersetzungen 28
Epigramme 49
Lieferbare Muribücher 84

Vorbemerkung

Dieses Büchlein enthält 20 Baumgedichte, 20 Baudelaireübersetzungen, 20 Baumepigramme – und dazu noch eine ganze Reihe weiterer Epigramme.

Das erste Baumgedicht ('Die Blutbuche') schrieb ich im Sommer 2014, die restlichen Baumgedichte im Sommer 2015. Die Baudelaireübersetzungen entstanden im Sommer 2014.

Epigramme verfasse ich schon seit vielen Jahren. Was im Epigrammteil dieses Büchleins steht, wurde in den zurückliegenden Jahrzehnten so nach und nach zu Papier gebracht.

Ich darf darum bitten, die Epigramme in diesem Büchlein nur im Zusammenhang mit meinen anderen Epigrammen zu verstehen, die ich im Laufe der Zeit publiziert habe.

Das sind die 1000 Epigramme in meinem Buch 'Grubenfunde', die 222 Epigramme in meinem Buch 'Katzenköppe' sowie die Epigramme in meinen Büchern 'Elefant Kette Fuß bunne' und 'Ringelsternchen'.

Zur Beruhigung jener Leser, die manche der nachfolgenden 'Gespräche mit Bäumen' allzu wörtlich auffassen könnten, will ich noch versichern: das ist natürlich nur im übertragenen Sinn gemeint.

Baumgedichte

Ich stieg eine Böschung hinan und legte mich unter einen Baum. Der Baum war eine Pappel oder eine Erle. Warum ich seine Gattung nicht behalten habe? Weil, während ich ins Laubwerk sah und seiner Bewegung folgte, mit einmal in mir die Sprache dergestalt von ihm ergriffen wurde, daß sie augenblicklich die uralte Vermählung mit dem Baum in meinem Beisein noch einmal vollzog. Die Äste und mit ihnen auch der Wipfel wogen sich erwägend oder bogen sich ablehnend; die Zweige zeigten sich zuneigend oder hochfahrend; das Laub sträubte sich gegen einen rauhen Luftzug, erschauerte vor ihm oder kam ihm entgegen; der Stamm verfügte über seinen guten Grund, auf dem er fußte; und ein Blatt warf seinen Schatten auf das andre. Ein leiser Wind spielte zur Hochzeit auf und trug alsbald die schnell entsprossenen Kinder dieses Betts als Bilderrede unter alle Welt.

(Walter Benjamin)

(Die Blutbuche)

Unsere schöne, mächtige Blutbuche
in der Erinnerung ich suche.

Wachsend, ästetreibend,
unerschütterlich im Boden bleibend,

stand sie vor unserer Wohnung
jahrzehntelang. Dann die Entthronung:

sie wurde gefällt
und verschwand aus der Welt.

Nur noch ein riesengroßer Stumpf
bewahrt das Gedächtnis dumpf

an ihre ganze Prächtigkeit,
das Schutzdach meiner Kinderzeit.

(Die Eiche auf dem Kohlhagen)

Die Äste, auf denen wir an dir hoch kletterten,
sind alle abgefallen.

Du bist unersteigbar geworden
mit der Zeit.

Nur wenn man eine Leiter mitbrächte,
könnte man dir noch zu Leibe rücken.

Aber das will ich nicht.
Ich bringe keine Leiter mit und lasse dich in Ruhe.

Ab und zu sitze ich auf einem Hochsitz in deiner Nähe
und schaue zu dir hinüber.

Wenn dann ein Raubvogel kommt
und sich niederläßt auf dem Hochsitz,

halten wir gemeinsam
Zwiesprache mit dir.

(Die Birkenallee am Rieder Berg)

Bahne frei,
Kartoffelbrei!

Mit Karacho
und ohne Tacho

auf dem Schlitten
mitten

durch die Birkenallee
und durch den frischen Schnee!

Wer hat gewonnen?
Alles zerronnen.

Die Birken schwiegen
und ließen uns siegen.

(Der alte Sportplatz im Wald)

Wir jagten dort hinter dem Fußball her
so manchen Sommer.

Dann kam der Förster
und bepflanzte den ganzen Sportplatz.

Wo einst der Fußballrasen war,
steht heute eine Schonung.

Jeden Sommer fahre ich hin
und frage die Bäume:

"Warum habt ihr uns
unseren Fußballplatz genommen?"

Ungerührt antworten die Bäume:
"Geh doch ins Stadion".

(Die Dorflinde)

Linden wachsen nur langsam.
So auch unsere Dorflinde.

Wir hackten in ihrem spärlichen Schatten Holz.
Da war sie noch so klein.

Zehn Jahre später
war sie nur ein bißchen breiter und höher.

Als wir unsere Autos unter ihr parkten,
war sie wieder nur wenig gewachsen.

Dann wurde es verboten,
Autos dort zu parken.

Das kam ihr zugute.
Sie wuchs wieder ein paar Zentimeter.

Wer so langsam und stetig wächst,
wird bestimmt noch tausend Jahre alt.

(Die Pappeln an der Ems)

Faustgroße Hagelstücke
erschlugen die Küken am Bach.

Auch die Pappeln an der Ems
mußten Federn lassen.

Warum konntet ihr nicht, stolze Pappeln,
eure gezausten Fittiche

rettungsschirmartig
über die kleinen Küken breiten?

(Der Weg zur Wiesentalsmühle)

Fichten und Weiden
konnte ich schon immer gut leiden.

Auf dem Weg zur Mühle
inmitten der Sommerschwüle

registriere ich mit einem gewissen Lächeln,
wie sie mir frische Luft zufächeln.

Und wo mich Brennnesseln
versuchen zu fesseln,

bewahren links und rechts die Bäume
meine Freiheitsträume.

(Die Apfelbäume)

Die Apfelbäume vor meinem Fenster
blühen jedes Jahr im April.

Ende März frage ich mich:
wird es Anfang April oder Mitte April oder Ende April?

Je früher die Apfelblüte,
desto verheißungsvoller der Frühling.

Überrascht mich doch mal, Apfelbäume,
mit einer Blüte im März!

(Der ausgestorbene Baum)

Ein Ranger in einem riesigen Nationalpark
auf dem Kontinent Australien

kam eines Tages bei seinen Streifzügen
an eine tiefe Schlucht.

Auf dem Boden der Schlucht
erblickte er einen seltsamen Baum.

Einen solchen Baum
hatte er noch nie im Leben gesehen.

Kurzentschlossen seilte er sich ab in die Schlucht
und schnitt von dem Baum einige Zweige ab.

Im Museum in Sydney brauchten die Experten eine Woche,
um den Baum zu identifizieren.

Es war ein urtümlicher Baum,
der vor fünfzig Millionen Jahren ausgestorben war.

Nur auf dem Boden jener unzugänglichen Schlucht
hatte er fünfzig Millionen Jahre überlebt.

Seitdem wird sein Standort geheimgehalten,
damit ihn nicht Heerscharen von Touristen

fotografieren und filmen und zertrampeln
und ihn endgültig aussterben lassen.

(Sequoiadendron giganteum)

In der Sierra Nevada in Kalifornien
übernachtete ich in einer windschiefen Hütte.

Lauf nicht nachts vor der Hütte herum,
warnte man mich, da sind die Schwarzbären.

Tags darauf sah ich den ersten Mammutbaum meines Lebens,
den gigantischen Herrscher der Berge.

Ein sich aufbäumender Wolkenkratzer,
aber schöner als alle Wolkenkratzer aus Stein und Stahl.

Ich brauchte eine ganze Weile,
bis ich den gewaltigen Stamm umkreist hatte.

Ein paar hundert Meter weiter
lag ein gestürzter Mammutbaum im Gestrüpp.

Es dauert Jahrhunderte, bis die Natur
den gefallenen Riesen in seine Bestandteile aufgelöst hat.

Tausende von Käfern und anderem Kleingetier
ernähren sich froh von dem hölzernen Wolkenkratzer.

Totes Holz, lebendes Holz.
Vielleicht turnt auch Big Foot nachts darauf herum.

(Die überlisteten Kokospalmenräuber)

Die Kokospalmen in Tahaa trugen Schärpen aus Blech,
damit nicht die gierigen Krabben frech

sich in die Bäume packten
und die Kokosnüsse abzwackten.

Sooft auch die Krabben emporzuklettern versuchten,
rutschten sie ab und fluchten.

Sie fluchten anscheinend zuhauf,
und die Bäume atmeten anscheinend auf.

So kam es mir jedenfalls vor,
und die Brandungswellen zischten im Chor

ihr Lied dazu auf der pazifischen Insel.
Aufatmen, Gezisch, Gefluche und Gewinsel,

und die Vögel sangen ihre Psalmen
für die vor den Krabben geretteten Kokospalmen.

(Fünf Tage und fünf Nächte)

Eine Holzfirma schickte sechs Leute los,
um zu finden in Sumatras Urwaldschoß

fällbare Bäume aus Edelholz.
Das verletzte einer Tigerfamilie Stolz,

die ihre Heimat verteidigen wollte
und nicht verstand, was die Holzfällerei sollte.

Einer der sechs Menschen wurde gleich gefressen.
Die restlichen fünf haben auf Bäumen gesessen

fünf Tage und fünf Nächte lang.
Unten warteten die Tiger, bereit zu ihrem Empfang.

Handys und Waffen hatten die Holzfäller nicht dabei.
Endlich kam ein Suchtrupp und die Polizei.

Die Tigerfamilie wurde mit Schüssen vertrieben.
Und was ist von den fünf Menschen übriggeblieben?

Sie dankten erschöpft dem Himmel auf Erden
und mußten nach Hause getragen werden.

Wären die Bäume schon gefällt gewesen,
wären sie gefressen worden ohne Federlesen.

(Quitt)

Im Garten meiner Kindheit war ein Zwischenraum,
in diesem Zwischenraum stand ein Quittenbaum.

Ich wollte die Früchte essen, aber sie waren hart und sauer.
Was macht man mit Quittenfrüchten auf die Dauer?

Man macht Gelee daraus, wurde mir erklärt.
So ist jede harte, saure Quitte doch etwas wert.

Im römischen Rechtswesen, hörte ich später,
verurteilte man eheliche Missetäter,

die sich zerstritten hatten, zu einem Kräftemessen:
sie mußten zusammen rohe Quitten essen.

Darüber kamen manche Paare zum Lachen und Stöhnen,
und es gab ein wundersames Versöhnen.

So spendet Segen noch immer die Hand
des Quittus zu Quittus aus dem Quittenland.

(Punica granatum)

Der Granatapfelbaum auf der Insel Tilos
trug sicher im Laufe des Jahres einige Kilos.

Ende Oktober, als meine Zelte dort standen,
war nur noch ein einziger Apfel vorhanden.

Aber diese letzte Granatapfelfrucht,
die war, meine Liebe, eine Wucht.

Ich wurde blaß und blässer,
als ich versuchte, mit dem Taschenmesser

das hartschalige Etwas aufzubrechen;
es ging nur mit Hauen und Stechen.

Der Granatapfel hat, meine Süße,
so viele Kerne wie der Tausendfüßler Füße.

Ich kaute nach der mühseligen Aufbrecherei
jeden einzelnen Kern wie eine süßsaure Arznei.

Und ich vertraue dir an unter der Verschwiegenheit Siegel:
das Zeug hat es in sich und senkt den PSA-Spiegel.

Granatapfelsaft ist der Prostata Trost.
Man trinke ihn, sooft man kann. Na denn Prost!

(Puer Puliae)

Die Olivenbäume Apuliens:
knorrig, urwüchsig, unverwüstlich.

Manche von ihnen haben wohl schon zugesehen,
wie Hannibals Armee die Römer bei Cannae schlug

und wie Friedrich der Zweite von Hohenstaufen
Castel del Monte erbauen ließ.

Nur eine entsetzliche Kälte von minus zwanzig
oder minus dreißig würde sie absterben lassen.

Hoffen wir, daß keine solche Kälte
über Apulien und die übrige Welt hereinbricht!

(Oase Siwa)

In allen meinen Gelübden
wollte ich immer nach Ägypten.

Wie Alexander wollte ich ein Pferdchen satteln,
zu reiten in das Palmental der Datteln,

in die Oase Siwa,
ja, genau, die da,

wo Alexander, der Griechen Mirakel,
befragte das Orakel.

Doch als ich mich schließlich da befand,
im tausendfachen Dattelpalmenland,

wurde ich krank und lag auf der Nase,
und aus war es mit der Ekstase.

Die Viren taten mich zermalmen,
und draußen wiegten sich die Dattelpalmen.

Die Luft war stickig und voller Staub.
Ich sehnte mich zitternd nach deutschem Espenlaub,

und ich träumte nicht mehr von staubigen Dattelpalmen,
sondern von grünen, satten Alpenalmen,

von Eichen, Buchen, Kiefern und Tannen
und von deftigen Bratkartoffelpfannen.

(Taverne)

Unter den Bäumen beim Griechen
verlernst du das Kränkeln und das Siechen.

Her mit dem knusprig gegrillten Fisch
auf den hölzernen Gabentisch!

Da haben wir den Salat, genannt Choriatiki,
schmeckt besser als jedes Texmex-Schickimicki.

Oder nehmen wir einen leckeren Suvlaki,
garniert mit frischen Früchten wie Kaki?

Willst du Garnelen, genannt Garides?
Ist gut, kannst mir glauben bona fides.

Wenn du verschlingst einen Haufen Musaka,
kannst du gleich besser spielen Tiki-Taka.

Dazu ein harziger, knarziger Retsina,
er läßt dich singen wie Mozarts Pamina.

Hast du den richtigen Griechen gefunden,
wirst du im Hand- und Magenumdrehen gesunden.

Und fällt von den Bäumen ein Blatt in den Salat,
dann iß es mit und sei nicht so delikat.

(Die dalmatinischen Feigenbäume)

Im buchtenreichen Dalmatien
im Zauberland Kroatien

stehen außerhalb mancher Orte
uralte Feigenbäume, keineswegs verdorrte,

gepflanzt von Generationen,
die dort schon lange nicht mehr wohnen.

Die Bäume sind einsam und herrenlos,
aber fruchtbar ist noch ihr Schoß,

und ihre weitausladenden Äste
scheinen einzuladen alle Gäste.

Als ich dort war, im August,
war es eine reine Lust,

mir von Zeit zu Zeit abzuzweigen
eine von den prallen, honigsüßen Feigen.

Zwanzig dieser Wunderfeigen machen glatt
auch den größten Nimmersatt platt.

Die Früchte von – lateinisch – Ficus,
erfreu'n auch den Waldspecht, genannt Pikus.

Feigen machen, so sagt man, nicht dick
und sollen auch helfen gegen den bösen Blick.

Die Feigenbäume sättigen und bringen Frieden.
Ach, wären doch alle Lebewesen Feigenbäume hienieden!

(Botanischer Garten)

Die Zypresse
war eine ganz kesse.

Die Trauerweide
war eine Augenweide.

Die Kiefer
wurde immer schiefer.

An der Kastanie
blühte eine Geranie.

Unter der Platane
saß ein Kleptomane.

Der Gummibaum
war ein Liebestraum.

Die Ulme war so ulmig,
da wurde mir ganz mulmig.

Druckfehler: unter der Platane saß kein Kleptomane,
sondern ein Brahmane.

(Volksetymologie)

Die Robinie wurde benannt nach Robin Hood,
die Pinie nach einem Pin-up-Girl,
die Akazie nach einer bayrischen Katze ("a Kazi"),
die Platane nach Plato,
die Kastanie nach Carlos Castaneda,
die Zypresse nach Zypern,
die Eibe nach dem Eisprung,
die Zeder nach Zeter und Mordio,
der Ahorn nach dem Ahörnchen,
der Olivenbaum nach Olivia de Havilland,
die Esche nach Wolfram von Eschenbach,
der Mandelbaum nach Ernest Mandel,
der Wacholderbaum nach dem Lied 'Wach auf, du Holder',
der Fürsichbaum nach dem Begriff des 'An-und-Für-sich',
der Zitronenbaum nach dem Land, wo die Matronen blühen,
und die Lärche schwingt sich in die Luft frei nach Paul Gerhardt.

Baudelaireübersetzungen

Da ich noch in Kinderträumen,
Friedlich, wie der blaue Tag,
Unter meines Gartens Bäumen
Auf der warmen Erde lag,
Und in leiser Lust und Schöne
Meines Herzens Mai begann,
Säuselte, wie Zephirstöne,
Diotimas Geist mich an.

(Friedrich Hölderlin)

(An eine kreolische Dame)

Im Land der Düfte, liebkost von der Sonne,
lernte ich kennen unter einem purpurroten Blätterdach
und unter Palmen, aus denen Trägheit fließt auf die Augen voll Wonne,
eine Kreolin, mit Reizen, unbeachtet und mannigfach.

Das Gesicht der dunklen Zauberin ist erfüllt mit fahler Glut,
sie bewegt ihren Hals mit edler, zierlicher Manier.
Groß und schlank, schreitet sie wie eine Jägerin voll Mut.
Ihr Lächeln ist still, ihr Auge furchtlos und ohne Gier.

Kämen Sie, meine Dame, in das Land der wahren Ruhmgenüsse,
an die Ufer der Seine, der grünen Loire und anderer Flüsse,
um alte Schlösser mit Ihrer würdigen Schönheit zu beleben,

dann würden Sie in schützenden, schattigen Verstecken
tausend Sonette in den Herzen der Dichter erwecken –
mehr als Ihre schwarzen Diener wären sie Ihren großen Augen ergeben.

(Exotische Wohlgerüche)

Wenn ich an einem heißen Herbsttag, die Augen geschlossen,
den Duft einsauge deiner warmen Brüste,
dann breitet sich vor mir aus eine glückselige Küste,
von einer blendenden, gleichförmigen Sonne übergossen;

eine Insel des Müßiggangs, wo die Natur uns bereitet
einzigartige Bäume und Früchte mit köstlichem Saft,
Männer, deren Körper schlank und voller Lebenskraft,
Frauen, deren erstaunlich freizügiger Blick uns verleitet.

Geführt von deinem Duft zu diesen bezaubernden Gefilden,
kann ich mir einen Hafen mit Segeln, Masten, Schiffen einbilden,
die noch ganz erschöpft sind vom Kampf mit den Meereswellen;

und der Geruch der grünen Tamarinden
kreist in der Luft und läßt meine Nasenflügel schwellen,
um sich in meiner Seele mit dem Gesang der Seeleute zu verbinden.

(Das vorherige Leben)

In weiten Säulenhallen war lange mein Aufenthalt,
gefärbt von der Meeressonne mit tausendfachem Feuer.
Mit ihren großen Pfeilern, aufrecht, erhaben und ungeheuer,
wirkten sie des Abends wie eine Grotte aus Basalt.

Die Wellen wälzten hin und her die Himmelsgesichter
und vermischten auf feierliche und mystische Weise
die Akkorde ihrer allumfassenden Musik, laut und leise,
in meinen Augen mit den Farben der untergehenden Sonnenlichter.

Dort lebte ich geruhsam in der Lüste Reigen,
inmitten des Himmelsblaus, der Wogen, der herrlichen Luft;
und nackte Sklaven, imprägniert mit Duft,

fächelten meine Stirn mit Palmenzweigen
und versuchten zu ergründen auf Schritt und Tritt
das schmerzliche Geheimnis, an dem ich litt.

(Verbindungen)

Die Natur ist ein Tempel mit lebenden Säulenreihen,
die ab und zu von sich geben dunkle Parolen;
der Mensch läuft dort durch Wälder von Symbolen,
die ihn beobachten und ihm vertraut ihr Auge leihen.

Wie lange Echos, die sich verschmelzen durch weite Lüfte
in einer geheimnisvollen und tiefen Einheit,
weit ausgedehnt wie die Nacht und die Helligkeit,
geben Antwort aufeinander die Töne, Farben und Düfte.

Es gibt Düfte, frisch wie der Kinder Fleisch und Blut,
süß wie die Oboen, grün wie die Wiesen;
es ließen sich auch andere, überreif, stark, mit siegreicher Wut,

die sich unendlich ausstrecken, gewaltig wie Riesen,
wie Ambra, Moschus, Benzoe und Weihrauch finden,
die den Geist mit den Sinnen singend verbinden.

(Unser kleines, weißes Haus)

Ich habe es nicht vergessen, unser weißes Hausidyll,
in der Nähe der Stadt, klein, aber still.

Die Sonne sah auf Gipspomona und alte Venus nieder,
die unter kargen Bäumen bargen ihre nackten Glieder,

und des Abends strömten ihre gewaltigen Strahlen
durch unsere Fenster in gebrochenen Rinnsalen.

Wie ein großes, offenes Auge im Himmel, neugierig und besessen,
betrachtete sie unser langes und schweigsames Essen

und verströmte freigebig ihr schönes Wachskerzenlicht
auf das einfache Tischtuch, die Vorhänge und das Abendgericht.

(Die Eulen)

Unter den schwarzen Eiben domizilieren
die Eulen und behaupten ihre Position.
Wie fremde Götter auf dem Thron
rollen sie ihr rotes Auge. Sie meditieren.

Sie halten sich aufrecht, ohne sich zu rühren,
bis zu der melancholischen Stunde,
wo die Sonne gestoßen wird aus ihrer Runde
und wo die Finsternis schließt die Türen.

Ihr weises Verhalten will uns lehren:
man darf sich in dieser Welt nicht scheren
um Aufruhr, Lärm und Hatz.

Der Mensch, berauscht von einem flüchtigen Schein,
muß, wenn er verlassen will seinen Platz,
stets ertragen Strafe und Pein.

(Die Katzen)

Ob nüchterne Gelehrte oder Liebesleut' erhitzt,
sie lieben gleichermaßen, wenn sie sind im reifen Alter,
das Katzenvolk, geschickt und sanft, des Hauses Stolz und Walter,
das ebenso wie sie verfröstelt in der Stube sitzt.

Die Katzen, Freund der Wissenschaften und der Sinnenlust,
sie suchen nach der Stille und dem Schrecken finst'rer Nacht;
die Hölle hätte sie schon längst zum Todesroß gemacht,
wenn sie zur Knechtschaft beugen könnten ihre wilde Brust.

Sie imitieren instinktiv die noblen Eigenheiten
der großen Sphinxe, ausgestreckt in tiefen Einsamkeiten,
die endlos einzuschlafen scheinen in dem Reich der Träume.

Die Lenden, fruchtbar, magisch, sind voll zauberhafter Funken,
und wie ein feiner Sand erfüllt ein Splittergold die Räume
der Augen, die geheimnisvoll mit losen Sternen prunken.

(Der Albatros)

Matrosen schnappen sich oft, um sich zu amüsieren,
Albatrosse, die weitausladenden Vögel der Meere,
die lässig als Reisegefährten paradieren,
den Schiffen folgend über die bittere, abgründige Leere.

Wenn es gelingt, die Vögel auf die Planken zu drängen,
dann lassen die Könige des Azurs, ungeschickt und beschämt,
ihre großen, weißen Flügel jämmerlich hängen,
wie Ruder an ihren Seiten, gezähmt und gelähmt.

Dieser geflügelte Reisende, wie ist er linkisch und schlapp!
Soeben noch schön, ist er jetzt eine komische, häßliche Schmach!
Der eine klopft mit der Pfeife den Schnabel hinauf und hinab,
der andere macht hinkend den einstmals fliegenden Krüppel nach.

Der Poet ist vergleichbar dem Fürsten der Himmel,
der durch die Stürme fliegt und spottet der Bogenschützen;
verbannt auf den Boden, umgeben von Hohngelächter und Gewimmel,
können ihm seine Riesenflügel nichts nützen.

(Der Flug empor)

Über den Tälern, über den Teichen,
über den Bergen, Wäldern, Wolken, Meeren,
jenseits der Sonne und der ätherischen Sphären,
jenseits der Grenzen von allen Sternenreichen,

bewegst du dich, meine Seele, mit Gelenkigkeit;
und wie ein guter Schwimmer sich stürzt in die Fluten,
ergehst du dich ausgelassen in der Tiefe des Absoluten
mit einer unaussprechlichen, mannhaften Sinnlichkeit.

Flieg schön weit weg von all dem giftigen, kranken Gestank.
Geh dich reinigen in der Luft à la hauteur
und trink wie einen klaren, göttlichen Likör
das glänzende Feuer, das erfüllt die Räume blank.

Entfernt von dem Verdruß und den endlosen Unbilden,
die mit ihrem Gewicht die düstere Existenz beschweren,
ist derjenige glücklich, der energisch kann ausscheren
und sich aufschwingt zu den leuchtenden, heiteren Gefilden;

derjenige, dessen Gedanken sich wie die Lerchen drehen
und frei in die Morgenhimmel auffliegen –
der überblickt das Leben und kann es mühelos fertigkriegen,
die Sprache der Blumen und der stummen Dinge zu verstehen.

(Die Klagen eines Ikarus)

Die Liebhaber der Prostituierten
sind zufrieden, feist und voller Behagen.
Was mich betrifft, so sind meine Arme zerschlagen,
weil sie die Wolken umarmten und charmierten.

Das ist den unvergleichlichen Sternen zu verdanken,
die ganz in der Tiefe des Himmels blitzen,
daß meine zerstörten Augen nur noch besitzen
von allen Sonnen blasse Gedanken.

Vergeblich war ich darauf erpicht,
die Mitte und Grenze des Weltalls zu erkunden;
ein Feuerauge brennt mir – ich weiß nicht, wie – Wunden,
und ich fühle, daß mein Flügel zerbricht.

Verbrannt von der Liebe zu dem Schönen,
darf ich nicht einmal die hohe Ehre erleben,
meinen Namen dem Abgrund zu geben,
um damit das Grab, als das er mir dient, zu krönen.

(Die Musik)

Die Musik packt mich oftmals wie das Meer!
Meinem blassen Schicksalsstern entgegen
unter einem weiten Himmel wolkenschwer
will ich ins Zeug mich legen.

Mit der Brust voran und mit vollen Lungen,
so ähnlich wie ein Segel erfüllt,
hab' ich den Rücken der hohen Wellen bezwungen,
die mir die Finsternis verhüllt.

Ich fühle in mir alle Leiden erzittern,
die ein Schiff über sich ergehen läßt;
von guten Winden, von Stürmen und Gewittern

über dem maßlosen Abgrund zusammengepreßt,
werd' ich geschaukelt. Dann wieder Windstille, zu anderer Zeit,
ein großer Spiegel meiner Hoffnungslosigkeit.

(Der Mensch und das Meer)

Freier Mensch, du wirst immer das Meer leidenschaftlich lieben!
Das Meer ist dein Spiegel; deine Seele kommt dir entgegengezogen
in den endlos abrollenden Wogen,
und die Tiefen deines Geistes sind genauso bitter geblieben.

Es gefällt dir, in das Innerste deines Spiegelbildes zu tauchen;
du umfaßt es mit den Augen und den Armen, und dein Herz
erfreut sich manchmal seines Lärmkonzerts –
wild und unbezähmbar ist sein Ächzen und Fauchen.

Ihr seid alle beide finster und verschwiegen:
Mensch, niemand hat erreicht deiner Abgründe Bodensätze,
Meer, niemand kennt deine intimsten Schätze;
niemand konnte eure Geheimnisse herauskriegen.

Und so kommt es, daß seit unzählbaren Zeiten
ihr euch bekämpft ohne Mitleid und ohne Gewissensnot.
So liebt ihr die Zerstörung und den Tod:
unversöhnliche Brüder, die seit Ewigkeiten streiten!

(Der Feind)

Meine Jugend war düster, wirr und bestürmt,
nur ab und zu konnte sich Sonnenglanz dazwischenschieben.
Der Donner und der Regen haben soviel Verwüstung aufgetürmt,
im Garten sind nur noch wenige rote Früchte übriggeblieben.

Nun bin ich angekommen im Herbst der Gedanken,
ich muß gebrauchen Schippe, Harke und Heber,
um zu sammeln von neuem die Erden, die versanken.
Das Wasser höhlte Löcher aus, groß wie Gräber.

Wer weiß, ob die neuen Blumen, von denen ich träume,
in diesem Boden, ausgespült wie Ufersäume,
die mystische Nahrung finden, die ihnen Kraft verleiht?

Die Zeit zerfrißt das Leben. Oh Schmerz, oh Schmerz!
Und unser geheimer Feind wächst und gedeiht,
genährt von dem Blut, das verloren hat unser zernagtes Herz.

(Die kleinen Alten)

Ach, was bin ich diesen kleinen Alten nachgeschlichen!
Eine von ihnen, zur Stunde, als die Sonne niedersank
– der Himmel war mit blutigroten Wunden überstrichen – ,
setzte sich nachdenklich abseits auf eine Bank,

um anzuhören eines dieser Konzerte voller Blechinstrumente,
mit denen die Soldaten bisweilen unsere Gärten übergießen;
sie lassen an jenen goldenen Abenden des Dolcefarniente
einen gewissen Heroismus in die Herzen der Städter fließen.

Die da hielt sich noch aufrecht, stolz und an des Lebens Lauf;
sie sog gierig ein die lebhaften, kriegerischen Töne.
Wie eines alten Adlers Auge riß sie mitunter ihr Auge auf.
Ein Lorbeerkranz für ihre Marmorstirn, für diese alte Schöne!

(Die Schönheit)

Ich bin schön, oh Sterbliche, wie ein steinerner Traum,
und meine Brust, an der sich der Reihe nach alle echauffieren,
ist gemacht, um den Dichter zu einer Liebe zu inspirieren,
die ewig und stumm ist wie die Materie im Weltenraum.

Ich throne im Himmelsblau wie eine Sphinx, unverstanden;
ich habe ein Schneeherz nach Art der weißen Schwäne;
ich hasse die Unruhe, die über den Haufen wirft alle Pläne;
das Weinen und das Lachen kamen mir abhanden.

Die Dichter – vor meinem großartigen Benehmen,
entlehnt offenbar von den stolzesten Monumenten –
müssen zu strengen Exerzitien sich bequemen;

um in Bann zu halten diese fügsamen Liebhaberskribenten,
verfüge ich über reine Spiegel, die alles schöner machen:
meine Augen, meine weiten Augen, die ewigen Glanz entfachen.

(Die Riesin)

Zu den Zeiten, als die Natur mit mächtigem Schwung
gebar jeden Tag einen monströsen Schatz,
hätte ich liebend gern gelebt bei einer Frau, riesig und jung,
wie zu den Füßen einer Königin eine wollüstige Katz.

Liebend gern hätte ich gesehen ihren Körper und ihre Seele erblühen
und sich frei entfalten in ihren schrecklichen Spielen,
wie in ihrem Herzen verborgene, düstere Flammen glühen
und wie feuchte Nebel sich in ihren Augen sielen.

Durchwandern in Muße ihre prachtvollen Formen!
Kriechen auf ihren abschüssigen Kniegelenken, den enormen!
Manchmal im Sommer, wenn die Sonne uns will strafen

und sie müde einschlummern läßt auf dem Feld,
sorglos im Schatten ihrer Brüste schlafen,
wie ein friedliches Dörfchen am Fuß einer Bergeswelt!

(An eine Vorübergehende)

Der Straßenlärm ringsumher betäubte mich.
Eine Frau schritt vorbei, groß, schlank, in voller Trauer;
ihre prachtvolle Hand mit erhabenem Schmerzensschauer
den Saum ihres Kleides auf und nieder strich.

Gelenkig und vornehm, wie Statuen ihr Gebein.
Verzückt wie ein Narr, wollte ich aus ihren fahlen Augen,
in denen Stürme keimten, alles saugen:
bezaubernde Süße und tödliches Stelldichein.

Ein Blitz... und dann die Nacht! Flüchtige Schönheit,
deren Anblick mich plötzlich wiedergebar –
werd' ich dich erst wiedersehen in der Ewigkeit?

Woanders, weit weg von hier! Zu spät! Niemals gar!
Ich weiß ja nicht, wohin du gehen mußt.
Ich hätte dich geliebt, du hast es gewußt.

(Der Wein der Verliebten)

Wie herrlich leuchtet uns heute die Natur!
Wir reiten auf dem Wein mit Bravour,
ohne Zaum, ohne Zügel, ohne Sporn,
und nehmen den göttlichen Feenhimmel aufs Korn!

Wie zwei Engel, gemartert voll Wut
durch eine unerbittliche Wüstenglut,
folgen wir der Fata Morgana, weit entfernt,
durch den blauen Morgen, kristallen besternt!

Lässig geschaukelt auf den Schwingen
eines Wirbelsturms, geschickt und klug,
in parallelem, taumelndem Ringen,

fliehen wir, Schwester, Seite an Seite im Flug
ohne Rast und Ruh' sogleich
in meiner Träume Himmelreich!

(Der Wiederkommer)

Wie die Engel mit dem fahlroten Augenschimmer
werde ich wiederkommen in dein Schlafzimmer
und werde zu dir huschen lautlos und sacht
zusammen mit den Schatten der Nacht.

Ich gebe dir, meine Kleine mit dem braunen Gesicht,
kalte Küsse wie das Mondenlicht,
und ich werde dir Liebkosungen verabreichen
nach Art der Schlangen, die ein Grab umschleichen.

Wenn mit dem blassen Morgenlicht die Schatten schwinden,
wirst meinen Platz du wieder leer finden,
den bis zum Abend die Kälte wird bedecken.

Wie andere mittels der Zärtlichkeit
will ich über dein Leben und deine Jugendzeit
regieren durch den Schrecken.

(Ausklang des Abends)

Jetzt ist die Zeit, wo die Blumen auf ihren Stengeln baumeln
und erlöschen wie ein Weihrauchgefäß;
die Töne und Düfte verwandeln sich dem Abend gemäß;
melancholischer Walzer, Sehnsucht und Taumeln!

Jede Blume erlischt wie ein Weihrauchfaß;
die Geige wimmert wie ein bedrücktes Herz;
melancholischer Walzer, Taumeln und Sehnsuchtsschmerz;
wie ein Altar wirkt der Himmel, traurig, schön und blaß.

Die Geige wimmert wie ein Herz voller Schmerz und Wut,
ein zartes Herz, es hegt auf das schwarze Nichts einen Haß!
Wie ein Altar wirkt der Himmel, traurig, schön und blaß;
die Sonne ist erstickt in ihrem geronnenen Blut.

Ein zartes Herz, das auf das schwarze Nichts einen Haß hegt
und aus dem glanzvollen Gestern sammelt alles restliche Gut!
Die Sonne ist erstickt in ihrem geronnenen Blut –
wie eine Monstranz leuchtet die Erinnerung an dich unentwegt!

Epigramme

Unter der Linden
an der Heide...

(Walther von der Vogelweide)

Die kleine Klavierschülerin sprach leise:
"Spiel mir von Beethoven – Freude, schöne Götterspeise!"

+

Mach nicht viel Worte
am Pianoforte.

+

Wenn schon allein,
dann mit den CDs von Rubinstein.

+

Oh Susanna,
find das Manna.

+

Pergolesi –
wo war dein Häsi?

+

Der Virtuose
stellt sich in Pose.

+

Statt Lamento –
Divertimento.

Sie machen euch vor einen großen Dunst
und sagen dazu: Das ist eben Kunst.

+

Ein Achilles
von Carl Milles!

+

Die Mona Lisa
lächelt so schief wie der Turm von Pisa.

+

Man hatte die Wahl im Palazzo Strozzi
zwischen Pestalozzi und Choleralozzi.

+

Trink nicht bescheuert,
sondern vernunftgesteuert.

+

Das Wort 'opak'
ist meist Gequak.

+

Wer da ist zu faul,
der halte bitte das Maul.

Mit zwanzig: frech wie Oskar Panizza.
Mit vierzig: fressend Pizza auf Pizza.

+

Früher Demo,
später Chemo.

+

Er fand unter dem Pflaster einen Strand
und steckte seinen Kopf in diesen Sand.

+

Tags war er Adornit.
Nachts ging er zu Nitribitt.

+

Auch die linkesten Linken
putzen eines Tages die Klinken.

+

Er hielt seine Klappe
und präsentierte seine Bewerbungsmappe.

+

Ein Sponti
ist noch lange kein Carlo Ponti.

Bosse
sind keine Kolosse.

+

Eine Kröte
spielt besser nicht Flöte.

+

Schelm –
trag lieber einen Helm.

+

"My home is my Kassel",
fiepte die Kellerassel.

+

Sie glauben, sie haben ein Buch 'benutzt',
und haben es in Wahrheit nur beschmutzt.

+

So nimm denn meine Hände
und setze mir die Finger,
damit ich lern' am Ende,
wie man bewegt die Dinger.

+

Schwimm nie
von Rimini
nach Bimini.

Jeden Tycoon
ereilt ein Taifun.

+

"Den Gürtel enger schnallen
und sich am Leben festkrallen",
sprach er zu allen.

+

Kaffeeonkels und Kaffeetanten
bleiben ewig Dilettanten.

+

Heilig
ist meistens voreilig.

+

Warum erkiest
das schöne Biest
sich ausgerechnet Burkhard Driest?

+

Ohne Philosophen –
Katastrophen.

+

Auf dem Lokus
weder Jokus
noch Hokuspokus.

Im Helikopter
foppt er
und mobbt er
praeter propter.

+

Er krähte vom Sockel,
der federviehische Pressegockel.

+

Der große Literaturkritiker
war nur ein kleiner Kikerikicker.

+

Der Verpetzer
und Schwätzer
hetzte den Hetzer
auf den Ketzer.

+

Günter Netzers linker Fuß –
von der Kanone ein Gruß.

+

Komm wieder auf die Beine,
sonst bin ich ganz alleine.

Wie man sich bettet,
so man verfettet.

+

Nett und niedlich,
fett und friedlich,
Bett gemütlich.

+

"Veni, vidi, Witzi",
sprach Massarys Fritzi.

+

Die Phantasie
sagt niemals nie.

+

Die Apokalypse
bräuchte nur ein paar Stüpse.

+

Eher bekommt man ein Kamel durch ein Nadelöhrchen,
als daß einen Irrtum zugibt ein Professörchen.

+

Halbe Sachen
soll man nicht machen.

Die Rebellen
fauchen und bellen.

+

Die meisten Revolutionäre
sind nur eine Märe.

+

Der Rabauke
haut auf die Pauke.

+

Der Vandale
schmeißt mit der Sandale
und macht Randale.

+

Der Berserker
landet im Kerker.

+

Der Choleriker
wird am Ende Kleriker.

+

Der Chaot
sieht nur noch rot
und macht alles tot.

Der Parvenü:
mehr 'hott' als 'hü'.

+

"Erdolche
die Molche",
riefen ebensolche.

+

Er hieß mit Nachnamen Schrott,
sah aber aus wie ein junger Gott.

+

"Ich denke, also bin ich Descartes",
folgerte René knallhart.

+

Jedes Glied
ist seines Reimes Schmied.

+

Die Theorie ist grau,
die Praxis grün und blau
und schmückt die Sau.

+

"An was kann man sich noch klammern?"
"An die Federn von den Goldammern".

Um zu finden den Stein der Weisen,
muß man ins Innere der Erde reisen,
und dort wird sich erweisen:
der vielberufene Stein der Weisen
ist ein plumper Klumpen Eisen.

+

Es brandet,
ihr landet.
Alles versandet.

+

Die Anabasis
kein Spaß is.

+

"Sport ist Mordsdusel",
sprach der Konfusel.

+

Für jeden Descamisado
freien Eintritt im Prado.

+

Nausikaa
wollte nicht nach Ithaka.

John Lennons 'Cui bono'
hieß Yoko Ono.

+

Sie sprang singend los
und versank sang- und klanglos.

+

Er wurde refüsiert,
denn die Queen war nicht amüsiert.

+

An der Macht Zitzen
sitzen
und schwitzen
die Pressefritzen.

+

Er wäre so gern, oh,
weit entfernt vom Inferno
in Salerno.

+

Mundus vult
Kult
eingelullt.

Die Koryphäen
Zwietracht säen.

+

Auch aus Casanova, ia, ia,
wurde einmal ein Casavecchia.

+

Mein Garten Eden
lag mal in Schweden.

+

Harndrang:
Tarnzwang.

+

Montezuma –
reit hinweg auf einem Puma.

+

Der Dronte
fehlte ein rettender Monte.

+

Vertrau´n auf Versprechungen? Besser nicht.
Kein Ding sei, wo man Worte bricht.

Für Elise –
das war seine Devise.
Im Wiesengrund –
Elisenstund.

+

Mylord,
wirf weg dein Sword.

+

Er las Hegel
und machte kregel
die Ausnahme zur Regel.

+

Auf dem Exer
ward er zum Hexer.

+

Er machte Tabula rasa
und verwandelte sich in einen Novacasa.

+

Siegfried von Xanten
aß vom Brot die Kanten
und schwang seine Quanten
auf Rosinanten.

Der Kritikaster
will doch nur Zaster.

+

Die abgebrühten
Troglodyten
hüten
die Mythen
und brüten
und wüten.

+

Auf Capri
sprach sie: "Mi apri..."?

+

In den Wirren
den Sbirren
entschwirren.

Die Welt ist ein Narrenhaus –
mach das beste draus.

Es raunt
der Count:
"Ich bin erstaunt".

Er brüllte wie ein Stier,
war aber nur ein ganz kleines Tier.

+

Sie spielen sich zu ihre Bällchen,
die Intellektuellchen.

+

Brahma
ist nur eine Fama.

+

Prince Harry,
trink nicht soviel Sherry
und in merry old England endlich marry.

+

Halt die Echten
fern von den Schlechten.

+

Der letzte Mohikaner
wurde Insulaner.

+

Der Renegat
kommt stets zu spat.

Diadochen
brechen sich gegenseitig die Knochen.

+

Nur auf dem Lido
liebte sie die Libido.

+

Die Hunde bellen, die Karawane zieht weiter.
Zurück bleiben die kläffenden Begleiter.

+

Es hackte eine Krähe,
damit es jedermann sehe,
der anderen Krähe mit Applaus
doch ein Auge aus.

+

Don Quichotte
war ein bißchen zu flott
und wollte sein Mütchen kühlen
an unschuldigen Windmühlen.

+

Der Bizarro
fuchtelte herum mit seinem Zigarro.

Die wenigsten Messiasse
sind auch Asse.

+

Einem geschenkten Juwele
schaue man auf die Kehle
und dahinter auf die Seele.

+

In Kusel
hatte er kein Dusel,
fand kein Gspusel
und trank nur Fusel.

+

Je älter das Mädel,
desto härter sein Schädel.

+

Wer liest bei der Nato
Plato?

+

Auf dem Dromedar
nistete ein Storchenpaar.

Nicht für die Schule lernen wir,
sondern für die Katz.
Merk es dir,
du Spatz.

+

Spartakus
nach Sparta muß.

+

Er schwamm gegen den Strom,
aber nur in Rom.

+

Ohne Saupreiß
kein Schweinefleiß.

+

Constantines Eddie –
find Maddie!

+

Der Dealer
Juan Avila
trank zuviel Tequila.

+

Das alte Ägyptische:
das alte Kryptische.

Auf Schusters Rappen
ging er ab durch die Lappen
bis zum Nordkap –
klippklapp, klippklapp.

+

Die ganze Fehde
war nur Gerede.

+

"Der Schwan und Leda...".
"Das weiß doch jeder".
"Leda und der Schwan...".
"Komm, halt an".

+

"Beginnen wir ab ovomaltine",
summte die Küchenmaschine.

+

Die Phantasey
ist so frei –
sowohl zur Narretei
als auch zur Philosophey.

+

Er zupfte sie am Ohre
und sprach: "Parla mi d´amore!"

Die Blumen des Guten
im Herzen bluten.

+

Wie der Stiel an der Birne,
so der Stil aus dem Hirne.

+

In vino veritas.
Aber nur bis zum zweiten Glas.

+

Buschibu
sucht Muschidu.

+

Komm dem Quacksalberich
auf den Schlich.

+

Mit Geduld und Spucke
und mit einem Rucke
ward sie meschugge.

+

Der Schwächling
entwickelte sich zum Frechling.

Positiv
ist selten tief.

+

Fünf vor zwölf – der Mensch: ein Tor.
Die Uhren gehen nach wie vor.

+

Es tönt ein Gefreiter:
"Immer so weiter!"
Das wird ja noch todernst heiter.
Noch so ein vermaledeiter
Wegbereiter.

+

Im Schweiße seines Angesichts
malocht er für nichts und wieder nichts.

+

Seine Analyse
war nur Gemüse.

+

Mira
inspirierte Villons Lyra.

+

Nibelungen –
vergebens gerungen.

Der Himmel allhiesig –
riesig diesig,
aber nicht paradiesig.

+

Statt wie Leonidas zu wühlen
im Kampf bei den Thermopylen,
lag Leonie im Kühlen
auf den Pfühlen.

+

Die Rose ist zwar stumm,
aber gar nicht so dumm
und sticht dich krumm.

+

Der allzu große Weinkenner
wurde zum Mordbrenner
und zum weinenden Penner.

+

Lucrezia
fuhr von La Spezia
nach Venezia;
sie hatte einen Spezi da.

+

In dulci jubilo.
In Schnulzi Studio.
In Wulsti Stupido.

Theokrit, wir fahren nach Lotsch
und trinken dort einen Scotch.

+

Die Toren grunzen
und verhunzen.

+

Pizzicato,
Putzikatzi,
Pizza Cato,
Petziketzi,
Putz das Auto.

+

Vor dem Gesetz sind alle gleich,
außer man ist reich.

+

"Ich mache meinen Schnitt".
"Shit".

+

Er hustete zäh wie Pseudokruppstahl
und schüttelte einen Hustensaft aus dem Ärmelkanal.

+

Schinken und Schwarten –
laß warten.

"In der Beschränkung zeigt sich erst der Meister",
in der Beschränktheit zeigt sich erst der Kleister –
an diesen Schranken scheiden sich die Geister.

+

Jetzt: angeätzt.
Zuletzt: vergrätzt.
Ja, wenn´s hättst.

+

Durchgebrannt,
verrannt,
abgebrannt.

+

Von Nix kommt Nixe,
von Schicksal kommt Schickse,
von Knick kommt Geknickse.

+

Eine kleine Feier
für Carl Beyer!
Sein Buch über Dietrich von Bern
las ich so gern.

+

Dick und Doof
gingen zum Schwof
und kamen zurück von dem Radau
als Dünn und Schlau.

Die Genien
schwelgen in Xenien.

+

Der verbohrte Bücherwurm
fraß sich durch den Bücherturm.

+

Wer zuletzt lacht zu später Stunde,
den beißen die Hunde.

+

Die Herren zechen,
die Knechte blechen,
die Enkel rächen.

+

Meine liebe, nette, kleine Nati,
trink noch schnell einen Frascati
und geh dann heim zu deinem Vati.

+

Schenk einem Monet
etwas monnaie.

+

Hab und Gut
rauben den Mut.

Der wahre Ruhm
ist posthum.

+

Die Sennerin
tanzt in die Tenne rin
mit der Pennerin.

+

Natura non facit Saltos.
Venezia non fa Rialtos.

+

Der Zoologe Bernhard Rensch
fand spielend einen Reim auf Mensch.

+

Der Yeti
war der Ahnherr von Krethi
und Plethi.

+

Die Majestät
wirkt obsolet.

+

Sie war wählerisch,
denn sie war geldzählerisch.

Die Nymphe
verlor ihre Trümpfe
und fiel herein auf die Pimpfe.

+

Für den Pandabär
eine Locanda her.

+

Irreversibel?
Irre flexibel!

+

In seiner Freizeit spielte der Kadi
in einem ausgetrockneten Wadi
mit Petar Radenković, genannt Radi;
später paddelte er im Irrawadi.

+

Rübezahl zählte die Häupter seiner Rüben,
und siehe da: er mußte noch üben.

+

Setz die Nullität
auf Diät.

+

Er verschenkte Krawatten
an Kanalratten.

Das Luder zog vom Leder
und schnappte sich den reichen Reeder.

+

Altera pars et audiatur,
et tertium datur.

+

'Das Absolute'
ist nur Getute.

+

Vielleicht schwimmt andantino
im Loch Ness ein schlauer Dino.

+

Auf der Mani
gibt´s kei Maharani.

+

Blasenköppe tuten
meist länger als fünfzig Minuten.

+

Der Mann vom Fach
sprach
flach.

"Aye, aye, Sir, die Erde gleicht einem Rhombus",
sprach das Weichei zu Kolumbus.

+

Lederstrumpf
war auch nur so ein Schlumpf
und versank schließlich im Sumpf.

+

Der Stänker
bekämpft den Denker.

+

Der Widder und die Gewidderzäche
fanden sich im Gespräche.

+

Vergeblich ochsen
die Orthodoxen
in ihren Boxen.

+

Was mag wohl sein
unter dem Unterbewußtsein?

+

Das Hausschwein bestimmt das Bewußtsein.
Das Wildschwein bestimmt das Unbewußtsein.

Kleines Tückchen,
rück mal ein Stückchen,
nimm noch ein Schlückchen
und zieh ab dein Perückchen.

+

Ein Akt –
nackt
und exakt
im Takt –
und abgesackt.

+

Stutzerhut
tut nicht gut.

+

Der Rezensent
ist nicht kompetent.

+

Zurück zur Natur?
Von Natur ist kaum mehr eine Spur.

+

In Europa küßte er seine Hampelmuse,
in den Tropen seine Pampelmuse.

Statt 'Kompilation'
setzten die Setzer 'Komplikation'.
So verfiel der Text der Korruption.

+

Wie sie sich erfrechen,
'den Stab zu brechen'!

+

Er war ein Naturbeschreiber
Rubensscher Weiberleiber.

+

Die himmlischen Heerscharen
bestanden aus Staren.

+

Es gibt keinen Reim auf Apfel
außer Biergezapfel.

+

Laß die Folien
und blättere lieber in Magnolien.

+

Aprikosen
bitte immer mit Rosen.

Eine Trauerweide
tut niemandem etwas zuleide.

+

Die Donareichen
weichen
nur Gewaltstreichen.

+

Wer Ahorn sagt, muß auch Bhorn sagen.
Bitte keine Klagen.

+

Unter den Espen
stachen ihn die Wespen,
und unter den Ebereschen
mußte er sich mit einem Eber herumdreschen.

+

Auf dem Gingko der Gecko
wurde interpretiert von Umberto Eco.

+

So schön wie der Gravensteiner
war unter den Apfelbäumen keiner.

+

Unter der Kiefer
schlief selig der Schliefer.

Die Drachenbäume auf den Kanaren
den Guanchen verehrungswürdig waren.
Lernt von den Guanchen,
nicht die Natur zu panschen.

+

Unter den Lärchen
ließ sie sich mit den Herrchen
zusammenpferchen.

+

Unter den Eiben
ist kein langes Bleiben.

+

Unter Zedern
ist´s angenehmer als unter Kathedern.

+

Unter den Zypressen
wurde er pflichtvergessen.

+

Unter der Pappel
kein Gezappel.

Unter diesen Platanen
saßen schon unsere Ahnen.

+

Unter den Buchen
Kuchen
suchen.

+

Unter den Tannen
sie sich liebgewannen.

+

Unter den Akazien
küßten ihn die Grazien.

+

Unter dem Baobab
hielt ihn der Affe auf Trab.

+

Unter dem Wacholder
ist mehr Wohlsein als im Grand Hotel Dolder.

+

Unter dem venezianischen Pfirsichbaum
blühte mein Kindertraum.

Lieferbare Muribücher von Ulrich Erckenbrecht

Die Geschichte vom Rotkäppchen, Ursprünge, Analysen, Parodien eines Märchens, 15., auf 296 Seiten erweiterte Auflage, ISBN 978-3922494-10-2, 10,- Euro

Die Sehnsucht nach der Südsee, Bericht über einen europäischen Mythos, 3., auf 240 Seiten erweiterte Auflage, ISBN 978-3922494-24-9, 10,- Euro

Entkürzelungen, Ein Wegweiser durch die Welt der Abkürzungen, 2., auf 240 Seiten erweiterte Auflage, ISBN 978-3922494225, 10,- Euro

Hilfslinien, 234 Romanideen, 240 Seiten, ISBN 978-3922494-23-2, 10,- Euro

Divertimenti, Wortspiele, Sprachspiele, Gedankenspiele, ISBN 3922494161, 10,- Euro

Eulenspiegel und die Banane, Theaterstück in vier Akten, ISBN 9783922494256, 10,- Euro

Shakespeare Sechsundsechzig, Shakespeares Sonett Nr. 66 in deutschen Übersetzungen, 2. und 3. Auflage lieferbar, ISBN 3922494188 (2. Auflage), 10,- Euro, ISBN 9783922494263 (3. Auflage), 10,- Euro

Shakespeares Sonette in freier Übertragung, Mit einem Faksimile der Shakespearesonette nach dem Londoner Erstdruck von 1609, ISBN 392249417X, 10,- Euro

Die Unweisheit des Westens, Essays zur Philosophie und Sprachkritik, ISBN 3922494153, 10,- Euro

Brief über Chopin, Eine passionierte Einführung in Werk und Wirkung des größten Klavierkomponisten der Weltmusik, ISBN 3922494196, 10,- Euro

Grubenfunde, Lyrik und Prosa, ISBN 9783922494218, 10,- Euro

Elefant Kette Fuß bunne, Ausgewählte Gedichtsel, ISBN 978392249420X, 10,- Euro

Unter Bäumen, Gedichte, Übersetzungen, Epigramme, ISBN 9783922494270, 10,- Euro

Bezugsquelle: Erckenbrecht/Muriverlag, Im Weidengarten 19, D-34130 Kassel